AF229824

Apologie

DES SOCIÉTÉS

POPULAIRES.

Paris.—IMPRIMERIE DE CARPENTIER-MÉRICOURT,
Rue Traînée, N° 15, près S.-Eustache

Apologie

DES SOCIÉTÉS

POPULAIRES,

Par J..... P......

EX-PROFESSEUR DE LÉGISLATION.

> C'était contre la *Société des Amis du Peuple* surtout, que l'on se proposait d'agir.
>
> Messager des Chambres du 27 septembre 1830.

Paris,

ROLAND, LIBRAIRE, QUAI DES AUGUSTINS, N° 25.

Edouard GARNOT, Libraire, rue Pavée-St-André-des-Arts, n° 7.

Octobre 1830.

Apologie

DES SOCIÉTÉS

POPULAIRES.

————

Le peuple de Paris s'est couvert de gloire dans la mémorable semaine de Juillet ; mais dès le lendemain de son triomphe, on pouvait lui appliquer ces paroles adressées à un célèbre Carthaginois : « *Annibal, tu sais vaincre ; mais tu ne sais pas profiter de la victoire.* »

Nous avons vu des hommes, qui s'étaient tenus cachés à l'heure du péril, surgir de tous côtés après la bataille, et venir effrontément s'attribuer l'honneur d'avoir sauvé la France ; des orateurs jactancieux sont allés, dans leurs tardives rodomontades, jusqu'à laisser percer leur insolent dédain pour cette classe ouvrière qui n'entend rien aux affaires publiques, et qui ne sait que mourir pour la liberté. Paris a vu les palmes de juillet profanées par des mains usurpatrices, et Paris ne les a pas hautement revendiquées comme teintes de son propre sang, non de celui des phrâseurs qui l'outrageaient ! et les vainqueurs indignés n'ont pas couvert de boue ces impudents sycophantes ! que dis-je ? Ces histrions politiques ont eu le talent de se glisser au timon des affaires. Si on ne les a pas vus à l'escalade du Louvre et des Tuileries, ils ont du moins été les premiers à l'assaut des plus hauts emplois. Il semble que la révolution de juillet n'ait eu d'autre but que de leur procurer des simarres, des épaulettes et des porte-feuilles. Ce n'était pourtant pas pour le profit seulement de quelques intrigans ambitieux et cupides que la population parisienne avait prodigué son sang. Croit-on, de bonne foi, que cette population héroïque se fût jetée au devant de la mitraille, s'il n'eût été question pour la France que de changer de dominateurs? non, certes! non; c'était de véritables garanties sociales que l'intrépidité demandait au péril et qu'elle avait le droit d'espérer de la victoire. Ces gages d'une liberté sage, solide et durable, vous les lui aviez promis; les a-t-elle obtenus? dites! les a-t-elle obtenus? répondez donc, prétendus hommes d'état, si prompts à vous emparer de la direction des affaires publiques, êtes-vous disposés à écouter les vœux de la nation, et à la faire jouir enfin du fruit mérité de plus de quarante ans d'efforts et de sacrifices? non, assurement, non! vous avez de belles places, vos affaires vont bien, les nôtres vous importent peu.

La confiance ne se rétablit point, les capitalistes serrent les cordons de leur bourse, le commerce souffre, l'industrie languit, le peuple s'inquiète et murmure, le tout parceque le gouvernement garde une attitude équivoque qu'il doit à je ne sais quel système bâtard qui ne saurait mener à bien le vaisseau de l'état.

N'exagérons rien et tâchons de nous entendre : je n'accuse point ici le ministère actuel de trahison, mais de méprise. Sa main est trop faible pour tenir le gouvernail au milieu de la tempête qui nous agite, et sa vue est trop courte pour apercevoir et le péril et les moyens de salut. Ces prétendus hommes d'état, au lieu de prendre l'opinion publique pour boussole, ne songent qu'à l'étouffer et à faire prévaloir leurs conceptions étroites que, dans les illusions de la vanité, ils regardent comme l'apogée de la sagesse humaine. Ils semblent n'avoir compris ni les besoins ni les vœux de la nation, et plusieurs de ces hommes, autrefois proclamés si habiles, nous donnent aujourd'hui des preuves désespérantes de leur incapacité gourvernementale. S'ils avaient sû s'élever à la hauteur des exigeances de notre époque, se laisseraient-ils déborder de tous côtés par l'opinion publique? chercheraient-ils à lui imposer silence? chercheraient-ils à repousser les conseils des amis de la patrie? chercheraient-ils à éteindre les lumières qui pourraient les empêcher de faire fausse route?

Il s'est formé dans Paris, depuis la résurrection de la liberté, quelques sociétés composées de citoyens recommandables, et occupées de l'examen paisible et salutaire de questions politiques et morales, dont la solution intéresse vivement les destinées de la France. Je n'ai point paru encore, ni ne paraîtrai jamais, je pense, dans aucune de ces réunions; mais s'il est vrai, comme je l'entends dire même à leurs détracteurs (1), « s'il est vrai qu'elles soient animées
» d'un bon esprit; si elles ont adopté pour base de leurs
» discussions politiques le principe de la souveraineté du
» peuple, c'est-à-dire de la nation; si leurs doctrines en législation, en administration et en économie politique ont
» pour but de défendre les intérêts de l'universalité des ci-
» toyens contre les priviléges et l'oppression de toute aris-
» tocratie; si, dans leur exaltation consciencieuse, elles sont
» pénétrées d'une conviction profonde pour leurs doctrines;
» si, comme l'avouent les organes du ministère eux-mêmes,
» elles sont tout autre chose qu'un ramas de brouillons, de
» clabaudeurs et d'intrigans; si les vues personnelles se
» sont jusqu'ici constamment absorbées dans les formes
» générales du patriotisme le plus désintéressé, le plus phi-
» lantropique et le plus pur; si, après tout, on ne peut
» leur reprocher qu'une soif inextinguible d'améliorations
» sociales; si leurs discussions sont essentiellement calmes et
» inoffensives; si enfin ces débats philosophiques n'ont
» d'autre but, et d'autre résultat que de porter le flambeau
» devant les pas de l'autorité, pour l'empêcher de tomber
» d'abîme en abîme, et de nous y entraîner avec elle, »
alors, je le demande à leurs calomniateurs, pourquoi cet

(1) Voyez le MESSAGER DES CHAMBRES, du 27 septembre 1830.

empressement hypocrite à les assimiler gratuitement à ces clubs qui, jadis étaient des foyers de dissentions?

L'Angleterre a ses clubs et va, la France pourrait avoir les siens et aller. Valons-nous moins que les Anglais?

La constitution de 91, qui pourtant était monarchique, avait autorisé ces assemblées patriotiques destinées à répandre la lumière, si nécessaire à la liberté. Elles déployaient dans les premiers temps une force morale qui contribuait puissamment à l'affermissement de la loi nouvelle et au triomphe de la cause nationale. Les services qu'elles ont rendus à la France sont des faits que la mauvaise foi la plus opiniâtre ne saurait contester. Plus tard, des passions désordonnées les ont jetées au-delà, bien au-delà des limites de leurs attributions légitimes; d'épouvantables vociférations ont remplacé d'utiles et pacifiques débats, des prétentions rivales ont transformé ces réunions fraternelles en arènes de gladiateurs; de faux patriotes, après s'être glissés dans leur sein, y ont soufflé un esprit de faction, de discorde et de violence; des hommes corrompus et corrupteurs ont faussé leurs doctrines, des intrigans en ont fait l'arsenal de leur ambition, et le méchant des instrumens de haine et de vengeance. En un mot, le flambeau philosophique, qui devait éclairer le monde dans la route des améliorations sociales, s'était changé en volcan impétueux, dont l'irrésistible lave embrâsait ou renversait tout.

Voilà ce que des législateurs prudens auraient dû prévoir, et ce que des mesures sages auraient sû prévenir.

Ce qu'on n'a pas fait autrefois reste à faire aujourd'hui, pour tirer d'une institution bonne en elle-même le parti le plus profitable à la chose publique. Ce problême important n'est pas aussi difficile à résoudre qu'on le pense. Allons, messieurs les hommes d'état, un peu de bonne volonté, et vous trouverez sans peine des moyens aussi simples qu'efficaces et de faire naître le bien et d'étouffer les germes du mal. Par exemple, qu'une loi claire et formelle détermine

les conditions auxquelles on peut être admis dans les sociétés où se discutent publiquement les plus hautes questions de la morale et du droit public; que ces dispositions législatives soient telles qu'elles favorisent puissamment l'expansion des lumières, et donnent en même temps au maintien du bon ordre toutes les garanties qu'il peut réclamer; alors vous n'aurez plus rien à redouter des sociétés populaires, institution qui, de l'aveu même des écrivains et des orateurs ministériels, peut devenir éminemment profitable, « non-seulement parce que ce pourrait être une ex-
» cellente école pour les jeunes citoyens qui se destinent aux
» affaires publiques, mais encore parce que les discussions
» d'hommes éclairés et patriotes peuvent donner naissance
» à des projets avantageux, à des idées de réformes utiles. »

Si vous ne laissez pas à des citoyens honorables la faculté de se réunir et de s'entendre sur leurs intérêts les plus chers, vous violerez un de leurs droits les plus incontestables, vous foulerez aux pieds le principe de la souveraineté nationale, en vertu duquel vous existez vous-mêmes, et vous exposerez l'état à des secousses bien autrement capables de le bouleverser que des questions philosophiques paisiblement controversées, au milieu d'une grave assemblée de citoyens, tous intéressés au maintien de la tranquillité publique. Par quel fatal aveuglement préférez-vous le parti de détruire à celui de régulariser? Vous ne voulez pas que des *hommes d'élite* viennent s'asseoir dans un lieu décent et spécial pour entendre des discussions philosophico-patriotiques? Aimez-vous mieux que les *premiers venus* accourent tumultuairement sur les places publiques, pour y pousser des hurlemens précurseurs des plus affreux excès? N'a-t-on pas avoué que (1)
» les réunions patriotiques étaient une suite naturelle de la
» révolution de juillet; qu'elles étaient composées de ses
» plus ardens promoteurs; qu'elles offraient un heureux
» dégagement aux passions qui fermentent; que ces pas-

(1) Messager des Chambres du 27 septembre 1830.

» sions, loin d'être éteintes par la compression, n'en de-
» viendront que plus violentes quand elles ne pourront plus
» s'exprimer paisiblement ; qu'il y aura des clubs secrets,
» bien plus dangereux, bien plus énergiques ; que la publicité
» des séances empêche les délibérations les plus fougueuses
» même de dégénérer en complot ; qu'il peut sortir de là des
» vues utiles, qu'il peut s'y révéler des talens que la chose
» publique s'appropriera , et qu'enfin ces sociétés devien-
» draient, en cas de guerre ou de contre-révolution, des sen-
» tinelles vigilantes , qui prêteraient au gouvernement l'ap-
» pui de leur influence patriotique. » Comment se fait-il
qu'après avoir reproduit vous-mêmes de pareilles vérités,
vous veniez provoquer la dissolution des sociétés populaires?
Pourquoi tant d'acharnement surtout contre celle des *Amis
du peuple*? Est-ce leur profession de foi qui vous effraie? Je
ne vois pourtant rien de bien alarmant dans leur déclaration
de principes. « Le but de cette alliance, *y est-il dit*, est
» d'obtenir des institutions réellement populaires , d'amé-
» liorer la condition physique et morale du peuple, et de
» mettre ainsi la France à l'abri de nouvelles convulsions. »
Est-ce là le langage d'énergumènes , de boute-feux , de
séditieux, en un mot, de mauvais citoyens?

Il est vrai que , dans cette même déclaration de principes, la société des *Amis du peuple* s'est prononcée contre
la direction imprimée actuellement aux affaires publiques ,
et voilà ce qui a donné de l'humeur au ministère , *indè iræ*.

Si l'air est nécessaire à la vie , les lumières ne le sont
pas moins à un peuple qui veut faire des progrès dans la
carrière de la civilisation et du bonheur social. C'est par les
lumières seules que nous pouvons arriver au perfectionne-
ment de notre législation , à cette rectitude d'opinion publique, d'un si grand secours dans les momens difficiles ,
et à cette amélioration de mœurs dont nous avons un si
grand besoin.

Nos gouvernants considèrent les choses sous un tout autre point de vue. La lumière les gêne , la raison publique leur pèse , les observations les plus légitimes les contrarient, et ils ne savent rien de mieux que de se délivrer d'une surveillance importune. Ils ne veulent ni contrôle ni conseils. Ils pourraient en tirer d'immenses avantages, s'ils ne songeaient qu'à l'intérêt du pays ; mais l'intérêt du pays n'est pas ce qui les occupe le plus, d'ailleurs ils préfèrent de beaucoup leur propre sagesse à celle des citoyens. Ajoutons qu'ils veulent pouvoir faire impunément les plus lourdes fautes , et qu'ils sont toujours prêts , dans leur orgueilleuse colère , à prodiguer à ceux qui remarquent ces fautes, tous les noms qu'on donne aux brouillons , aux têtes chaudes et aux séditieux.

A les entendre , c'est à la société des *Amis du peuple* qu'on doit les promenades d'ouvriers , l'état précaire de l'industrie , la gêne du commerce , la multiplicité des faillites , la froideur de nos relations avec l'étranger , en un mot la stagnation de toutes les affaires. Les sociétés populaires sont fermées, quelques-uns de leurs membres les plus distingués sont dans les fers , et pourtant notre situation ne s'améliore point ! C'était donc ailleurs qu'il fallait chercher la source du mal.

Des théories utopiques sont peu propres à remuer les masses , sur-tout lorsque les masses n'assistent point à ces discussions philantropiques ; or, et les ministériels euxmêmes en conviennent, on n'avait pas encore aperçu d'ouvriers dans les sociétés populaires, dont néanmoins les portes étaient ouvertes à tout le monde ; l'accusation portée contreelles à cet égard tombe donc entièrement à faux ; mais on avait besoin, pour sévir, de prétextes spécieux, et, avec un peu de mauvaise foi , les prétextes abondent.

C'était contre la société des *Amis du peuple* sur-tout que l'on se proposait d'agir. Comment s'y est-on pris ? je l'ignore. Qu'est-il advenu ? le voici : une foule de citoyens s'est portée au local de cette société, pour la dissoudre de vive force.

Aux cris prolongés et retentissans de *à bas les clubs!* la garde nationale intervint, et *les membres de la société, voyant que leur réunion était une occasion de trouble, s'empressèrent de se disperser avec une résignation digne d'éloges.* Voilà du moins le fait tel qu'il a été raconté par les apologistes mêmes du ministère.

Peut-être les ministres ont-ils cru, dans cette occasion, rendre à l'État un éminent service ; ce qu'il y a de plus certain, c'est l'espoir et la joie que l'expédition de la rue Montmartre a fait renaître dans le cœur des ennemis de la liberté. Vaincus en juillet, les partisans du despotisme ont eu en septembre la consolation de voir leurs vainqueurs humiliés à leur tour. Ils doivent ce commencement de revanche à des terreurs pusillanimes qui se manifestaient jusques dans la Chambre des députés. Il s'y était fait des sorties aussi violentes qu'inattendues contre les sociétés populaires, le même jour où le ministère en opérait la dissolution : coïncidence qu'il est permis de remarquer.

Autre remarque : les vieux et irréconciliables ennemis de toute réformation politique regardent comme une rébellion sacrilége la résistance parisienne à des ordonnances oppressives. Trop prudents pour heurter de front la révolution nouvelle, ils guettaient l'occasion de l'attaquer dans ses points vulnérables. Cette occasion, ils l'ont trouvée à la renaissance des sociétés populaires. Forts de l'animadversion publique pour cette sorte d'institution, ils se sont armés des souvenirs douloureux attachés au nom et aux excès des anciens clubs, et ils ont cherché à circonvenir les hommes du pouvoir. Ils se sont étudiés à leur inspirer des alarmes et des mesures dont ils espéraient tirer le parti le plus avantageux au rétablissement du despotisme. Les hommes du pouvoir paraissent être tombés dans le piège, non avec l'intention de servir la dynastie déchue, mais par suite de leurs préventions personnelles contre les sociétés populaires. Ils ont crû n'obéir qu'à leurs propres inspirations, tandis qu'ils n'étaient peut-être que les aveugles instrumens de leurs ennemis et des nôtres.

C'est ainsi que pourrait, si je ne me trompe, s'expliquer cette représentation scandaleuse donnée le 26 septembre dans la rue Montmartre, au bénéfice des perfides actionnaires du pouvoir absolu. Et voilà comme on fait le mal avec l'intention du bien. Voilà comme des miopes orgueilleux à qui l'on crie vainement *prenez garde!* pensent faire merveille en se précipitant dans toutes les chausse-trapes que la malveillance multiplie sous leurs pas!

L'autorité n'a pas compris que c'était, comme on l'a dit quelquefois, se couper la main droite avec la main gauche, que de proscrire des sociétés dont l'existence était pour ainsi dire le complément de la révolution du 29 juillet, et la conséquence rigoureuse d'un principe dont le nouveau gouvernement n'est lui-même qu'une application. Le peuple a reconquis sa souveraineté au prix d'un torrent de sang, et voilà que des hommes, qui ne sont là que par elle, la ruinent dans une de ses principales attributions, sans songer qu'ils sapent par sa base la légitimité de la nouvelle dynastie, dont ils savent pourtant bien que l'affermissement est le plus cher espoir de la France régénérée!

On a dit que les institutions, qui étaient bonnes pour détruire n'étaient pas bonnes pour conserver : cette maxime vraie en général, n'est plus qu'un misérable sophisme relativement aux sociétés populaires, qui sont tout à la fois essentiellement éversives de tout systême despotique, et conservatrices des doctrines favorables à la liberté. Un ministère patriote aurait dû se souvenir aussi que les clubs de 1830 étaient composés en grande partie d'hommes dont saignaient encore les honorables blessures reçues par eux en juillet, pour le triomphe de la cause nationale. Il est donc avéré que ces sociétés n'ont été fermées que sur des prétextes que je laisse à d'autres le soin de qualifier.

Autre prétexte : on craignait, en laissant subsister les sotiétés populaires, d'alarmer les gouvernemens étrangers et d'exposer la France aux calamités d'une troisième invasion des puissances coalisées. Cette crainte, un peu mieux fondée que les autres, n'était pourtant pas de nature à nous forcer de répudier les conséquences d'une révolution dont nous avons proclamé la gloire à la face de l'Europe. Que dis-je ? L'Europe n'a pu nous refuser son suffrage, et les peuples étrangers, en contemplant nos triomphes purs de tout excès, ne savent ce qu'ils doivent admirer le plus de notre modération ou de notre courage.

Continuons à nous tenir scrupuleusement dans les bornes étroites de la justice, et les rois n'auront aucun prétexte plausible de venir troubler notre repos. Ils y regarderaient d'ailleurs à deux fois, avant de rien oser contre une nation populeuse, forte et brave qui bientôt saurait les faire repentir d'une injuste agression, et leur prouver d'une manière éclatante, que ceux qui ont acheté de leur sang la conquête de leur liberté, n'hésiteraient pas à le prodiguer encore pour assurer l'indépendance de leur patrie. Une nouvelle sainte-alliance se souviendrait que si deux fois la trahison lui a frayé le chemin de Paris, il n'en serait pas de même à présent que, chez nous, les citoyens et les soldats, également dévoués à la cause commune, ont juré simultanément amour et fidélité à la France constitutionelle. Que pourrait la colère des rois contre des millions de français ralliés sous ce vieux drapeau tricolore qui a flotté sur les tours de plusieurs capitales de l'Europe, et qui, cette fois, au moyen de cet élan électrique de toutes les nations vers la liberté, pourrait bien enfin accomplir sa destinée et achever le tour du monde.

Si la France était menacée, ce serait le cas où des sociétés populaires, sagement organisées, pourraient être d'un secours efficace pour la solution du grand problème de notre indépendance; mais des ministres à courte vue paraissent avoir autre chose à faire qu'à plonger leurs regards dans l'avenir.

En politique, leurs prévisions ne s'étendent pas de la veille au lendemain. Ils ont l'oreille trop étroite pour recueillir aucun autre son que celui du moment.

Les grands faiseurs d'aujourd'hui ont peur de tout ; mais ce n'est pas avec de la peur que l'on conjure la tempête et que l'on commande au danger. Cromwel, Napoléon et la France de 93 n'avaient pas peur, et ils ont marché. Ils ont déployé un grand caractère, et c'est l'Europe qui a tremblé devant eux. Ils ont pris avec les rois l'attitude et le ton que leur inspirait la conscience de leur force, et les rois ont baisé leurs genoux. C'est enhardir et en quelque sorte appeler l'outrage, que de ne pas montrer assez le sentiment de ce qu'on vaut, de ce qu'on veut, et de ce qu'on peut.

Ne bravons personne ; mais n'ayons pas l'air de supposer qu'on pourrait nous braver impunément. Le peuple français a déjà donné, et donnerait encore, s'il en était besoin, des preuves froudroyantes de sa virilité ; mais, pour cela, il ne faudrait pas que d'audacieux géants fussent conduits par des nains pusillanimes ; il ne faudrait pas que notre belle France ressemblât à un vaste harem gouverné par des eunuques.

Revenons aux sociétés populaires. Il me semble qu'il y avait à tenir, à leur égard, une conduite toute autre que celle qui a été inspirée à nos gouvernans par une sorte de terreur panique ; au lieu de renverser brutalement les sociétés populaires, ils devaient, pour être conséquens, reconnaître, en principe, la légitimité de leur existence, et se hâter en même temps d'en régler les conditions, de manière à ne leur laisser que du bien à faire, en les réduisant à l'impossibilité de faire du mal.

C'est l'allure tortueuse, chancelante, rétrograde et quelquefois hostile de l'autorité qui a jeté la nation dans l'inquiétude. Que les ministres et les chambres se décident enfin à prendre un maintien ferme et une marche franchement patriotique, l'inquiétude cessera, la confiance, le commerce, l'industrie, la richesse, le contentement, la concorde, le repos public, tout renaîtra, et, à la grande satisfaction des amis de la patrie, on verra s'affermir le trône constitutionnel d'un prince qui veut et ne peut que vouloir le bonheur de la nation, puisque ses intérêts sont inséparables des nôtres, et qu'il lui importe autant qu'à nous que la charte soit une vérité.

Si, au contraire, les intentions généreuses du roi des français ne sont ni comprises ni secondées, si les actes de ceux qui lui ont juré fidélité sont autant de coups portés à sa dynastie, si ces actes sont en contradiction manifeste avec le grand principe politique sur lequel repose entièrement notre nouvel ordre social, si ces actes sont de véritables démentis donnés aux trois grandes journées parisiennes, si ces actes enfin ne sont plus qu'une sorte de protestation scandaleuse contre les honneurs rendus à la mémoire des martyrs de la liberté, oh, alors il ne nous restera plus qu'à gémir sur l'inutile effusion de tant de sang français, et. . . . . .

. . . .

. . . .

. . . .

l'avenir dira ce que la prudence ne veut pas que je dise aujourd'hui.

P. S. Nos gouvernans semblent, dit-on, disposés à rentrer dans de meilleures voies. Nous en acceptons l'augure. Nous éprouverions une joie toute patriotique à reconnaître que nous les avons jugés trop sévèrement.

Paris, 14 octobre 1830.